los 5 ERRORES MÁS COMUNES
QUE COMETE UN LÍDER

JA PÉREZ

Los 5 errores más comunes que comete un líder

© 2017 JA Pérez
Todos los derechos reservados en toda imagen y letra. Copyright © 2017 por JA Pérez.

Nota de derechos
Todos los derechos reservados. Ninguna parte de este libro puede ser reproducida o transmitida en forma alguna ya sea por medios electrónicos, mecánicos, fotocopiados, grabados o en ninguna otra forma sin el expreso consentimiento escrito de la publicadora.

Nota sobre riesgos
La información contenida en este libro es distribuida "como está" y sin garantías. Ni el autor ni Keen Sight Books se hacen responsables en cuanto a daños causados por interpretaciones individuales privadas del contenido aquí expuesto.

Marcas Registradas

Los 5 errores más comunes que comete un líder es un título propiedad de JA Pérez. Publicado y distribuido por Keen Sight Books. Todas las otras marcas mencionadas son propiedad de sus respectivos dueños.
Excepto donde se indique, todos los textos bíblicos han sido extraidos de la versión Reina-Valera 1960. © 1960 Sociedades Bíblicas en América Latina; © renovado 1988 Sociedades Bíblicas Unidas. Reina-Valera 1960™ es una marca registrada de la American Bible Society.

Nota gramatical: El autor ha usado mayúsculas en el uso de "Él" (en la primera letra) cuando éstos son usados en referencia a Dios.

Keen Sight Books

Puede encontrarnos en la red en: www.KeenSightBooks.com
Reportar errores de imprenta a errata@keensightbooks.com

ISBN: 978-1947193130

Printed in the U.S.A.

*este pequeño libro es dedicado a todos los
líderes que laboran con nosotros
en nuestra querida América*

Contenido

1 No invertir lo suficiente en tu equipamiento 7
2 Apresurar a tomar decisiones 15
3 Confiar más en el instinto que en la data 17
4 Multitareas 19
5 No crear un ritmo 23
Serie Líderes con Diploma 34
Trabajo de JA Pérez con Líderes de Latinoamérica 36
Otros libros por JA Pérez 39

ERROR NÚMERO UNO

No invertir lo suficiente en tu equipamiento

Un líder que trata de cortar camino o apresurar en la tarea de lograr resultados o depende solamente de consejos gratis, comete un grave error.

Necesitas invertir capital en tu entrenamiento

El líder que depende solamente de recursos o material regalado con la idea de que en el proceso va a economizar no se da cuenta de que en realidad se está atrasando.

Te comparto cinco razonamientos al respecto:

1- Lo barato sale caro

Es muy posible que has oído el dicho.

Hoy en día con el acceso al internet, es fácil conseguir mucho material e información gratis. Pero que sea gratis no significa que sea buena. Por ejemplo, existen enciclopedias gratis en internet, y la razón por la cual son gratis, es porque quienes mantienen éstas son personas del público en general, o sea que cualquiera puede aportar a estas enciclopedias. Y sabemos que la mayor parte del público no posee el conocimiento o expertise para opinar sobre gran parte de las materias y la información que aportan es por lo regular basada en sus experiencias propias, no en conocimiento probado. Por esto es que en la mayor parte de las academias reconocidas y de reputación no aceptan trabajos investigativos que usen a estas enciclopedias como fuentes. Ahora, si quieres tener acceso a enciclopedias de reputación tendrás que pagar. Éstas no son gratis.

Esto es sólo un ejemplo, de los muchos casos en que el no gastar es contraproducente.

2- Atención por el valor

Nosotros en la Asociación, todo lo que entregamos en proyectos humanitarios y labores de evangelismo es gratis. Dios nos dió su salvación por gracia, o sea gratis, no tuvimos que pagar nada. La presentación del evangelio es gratis.

En nuestras campañas médicas todo se ofrece gratis, atención, medicinas, recursos, etc... En nuestros festivales la entrada es gratis, no pedimos ofrenda en el estadio, no vendemos ningún tipo de mercancía, los conciertos son gratis, y más, y la razón por la que hacemos esto es porque el evangelio debe ser presentado gratis a todos. Yo amo regalar cosas, siempre estoy buscando la oportunidad de darle algo a alguien.

Sin embargo, cuando hablamos de la formación de líderes las cosas cambian.

Hace años llegué a una ciudad a hacer unas conferencias, en esos años se usaban los cassettes, y teníamos series de entrenamiento en albums de ocho o doce cassettes. Resulta que yo regalé estas series de cassettes a todos los que asistieron a las conferencias.

Días más tarde me invitaron a cenar a una casa, y cuando llegué, noté que un niño estaba jugando en el patio con los cassettes de mi serie, les había sacado las cintas y los padres lo vieron como algo muy normal.

En ese momento entendí una verdad muy cruda. La razón por la cual los padres (quienes habían estado en las conferencias) permitieron que su niñito jugara con los cassettes y los rompiera es porque a ellos no les había costado algo.

La culpa no era de ellos, era mía, pues yo había reducido el valor de los cassettes a cero cuando se los entregué sin pedirles nada a cambio.

Para ellos, ese era el valor de los cassettes... nada.

Cuando fundamos el Club Embajadores, estuve tentado a regalar todo los recursos en el sitio y permitir la entrada al sistema sin ningún compromiso. Sin embargo, fui recordado de este principio.

La persona que no invierte algo, jamás le dará el valor

que tiene.

Aunque sé que el valor de todo lo que ofrecemos a los embajadores es mucho más alto que lo que ellos pagan (inicialmente $14.00 mensuales), de todas formas es importante para ellos que su entrenamiento y todo el material que reciben tenga un valor.

Es un precio accesible, pero el hecho de que inviertan algo económico, asegura que aprovechen al máximo dicho material.

El principio es que cuando algo nos cuesta, entonces le prestamos atención. O sea, atención por causa del valor.

3- Mente empresarial

No puedes crear una mente empresarial sin practicar inversión económica... y la primera inversión económica que hace un buen empresario es en su persona, en su conocimiento y luego en el recurso humano a su alrededor.

Buenos líderes tienen mente empresarial.

Los pensamientos del diligente ciertamente tienden a la abundancia...
Proverbios 21:5

Todo empresario sabe que no pueden haber dividendos sin inversión.

Usted no puede ir a la bolsa de valores (wall street) y decirles... "quiero que me bendigan y me regalen acciones de tal compañía". Lo mirarán raro. Todo vendedor de acciones espera que si usted viene a invertir, traiga capital de inversión.

Tenemos como hijos de Dios que aprender a separar nuestro trabajo altruista, —la bendición de poderle dar a los pobres sin recibir nada a cambio— de nuestro trabajo empresarial, el cual envuelve inversión, adquisición y multiplicación de bienes.

De hecho, si no tenemos éxito en este último, o sea, si no logramos crear capital... ¿con qué vamos a bendecir a los pobres?

Todo esfuerzo humanitario cuesta dinero, y éste tiene que salir de algún lugar.

4- Invertir capital en tu persona y tu continua educación, levanta tu estima

Quizá no hay otra cosa que levante más la seguridad interna y mental de un líder como lo es ver los frutos de la inversión que ha realizado en sí mismo.

Cuando ves que el conocimiento y habilidades adquiridas te permiten desenvolverte con destreza y precisión en las decisiones y tratos que haces, entonces estarás agradecido contigo mismo por haber invertido lo suficiente para adquirir dicho conocimiento y habilidades.

Oí a un sabio decir: *"Tu grandeza es sólo limitada por las inversiones que hagas en tí mismo"*.

Las inversiones que hagas en tu educación, desarrollo y continua motivación te darán la estatura, conocimiento y sabiduría para caminar con seguridad.

5- Nunca podrás madurar en tu economía sin primero aprender a practicar el arte de la generosidad

Grandes líderes son extremadamente personas generosas.

Grandes líderes son altruistas, pero no podrás practicar esta ciencia sin tener en tus manos el capital que sólo puede venir como respuesta a tu generosidad.

Tu generosidad te rodea de personas también generosas...

> *Muchos buscan el favor del generoso, Y cada uno es amigo del hombre que da.*
> *Proverbios 19:6*

Pero también hay una promesa sobrenatural para el generoso. La generosidad trae prosperidad.

> *El alma generosa será prosperada; Y el que saciare, él también será saciado.*
> *Proverbios 11:25*

El Apóstol Pablo dice:

> *Pero esto digo: El que siembra escasamente, también segará escasamente; y el que siembra generosamente, generosamente también segará. 2 Corintios 9:6*

Necesitas invertir tiempo en tu entrenamiento

Tratar de lograr resultados rápido pudiera ser una trampa.

Los pensamientos del diligente ciertamente tienden a la abundancia; Mas todo el que se apresura alocadamente, de cierto va a la pobreza. Proverbios 21:5

Note la segunda parte de ese texto, *"todo el que se apresura alocadamente, de cierto va a la pobreza"*.

Como líderes debemos no solamente invertir capital en nuestra continua preparación, también debemos invertir tiempo.

Cuando observamos la vida de líderes, economistas, o en general personas que han influenciado en gran manera la cultura o su medio ambiente, nos damos cuenta que estos primeramente habían invertido los suficientes recursos y tiempo en su preparación y segundo, este tipo de personas continúan equipandose, educandose, y ejercitando sus sentidos como un estilo de vida.

Líderes exitosos siempre están aprendiendo.

Entonces el no invertir los suficientes recursos en equiparnos antes de comenzar y durante el liderazgo es un grave error.

ERROR NÚMERO DOS

Apresurar a tomar decisiones

Líderes exitosos se toman el tiempo suficiente antes de tomar una decisión sea grande o pequeña. Por supuesto que el tiempo que se invierte en cada decisión se mide en relación al nivel de importancia de ésta.

Sin embargo es una regla que líderes exitosos siempre se toman el suficiente tiempo para hacer decisiones importantes.

Richard Branson el fundador del grupo Virgin dice acostumbrar a hacer una lista (a lo que él llama *a decision stream*) donde él anota los pros y los contra en cada asunto que viene a su mesa en el cual tiene que tomar una decisión.

Tomarte el tiempo suficiente antes de hacer una decisión pudiera parecer contraproducente pues fácilmente nos podemos hacer la idea de que, o estamos perdiendo tiempo o vamos a dejar pasar una oportunidad. Este sentimiento aumenta cuando somos presionados por las técnicas de crear urgencia que exhiben algunos vendedores o la manera en que se promueven gran parte de los productos en el mercado. De hecho crear urgencia es parte del entrenamiento de cualquier representante de ventas. Un empresario inteligente sin embargo no se deja llevar por la presión que viene de afuera en cuanto a tomar decisiones. Éste sabe que siempre habrá otra oportunidad por único que parezca el producto o la oferta.

Entonces empresarios líderes inteligentes saben dejar pasar el llamado de la urgencia, no dejarse influir por factores externos y esperar el tiempo que sea necesario antes de tomar la decisión.

El alma sin ciencia no es buena, Y aquel que se apresura con los pies, peca.
Proverbios 19:2

No se apresure a hacer nada. Tómese su tiempo y considere cada ángulo antes de proceder a tomar cualquier decisión.

ERROR NÚMERO TRES

Confiar más en el instinto que en la data

Líderes efectivos poseen un instinto natural. Éstos están equipados para discernir lo que está delante de sus ojos y actuar conforme. Sin embargo existe un peligro cuando comenzamos a depender más del instinto que de la información que tenemos delante.

No nos confundamos, el instinto es importante e imprescindible como cualidad indispensable de un líder, pero líderes inteligentes no dependen totalmente del instinto.

Éstos hacen su tarea, recopilan datos, estudian el terreno, y una vez que tienen toda la información delante de sus ojos y por supuesto con la ayuda de la experiencia y el instinto natural, entonces determinan el rumbo a seguir.

Antes de hacer una decisión, estudia con profundidad toda la información relacionada que puedas conseguir, consulta a los expertos, escudriña todo.

Gloria de Dios es encubrir un asunto; Pero honra del rey es escudriñarlo. Proverbios 25:2

De la misma manera que te dije que consultes a los expertos, a la vez debo advertirte que no siempre los expertos tienen la razón, y no todo el que dice ser experto lo es.

Siempre procede con cuidado y usa más de una fuente para informarte sobre cualquier asunto. Tener múltiples consejeros es cosa de sabios.

Donde no hay dirección sabia, caerá el pueblo; Mas en la multitud de consejeros hay seguridad. Proverbios 11:14

ERROR NÚMERO CUATRO

Multitareas

Vivimos en una sociedad donde se hace normal que una persona realice varias tareas a la vez. De hecho en muchos lugares de oficinas algunas compañías esperan que los trabajadores que emplean tengan la habilidad de hacer varias cosas a la vez. Esto puede ser responder el teléfono, contestar correos electrónicos, tomar notas, redactar y cualquier otra tarea de oficina.

Paradójicamente a las ventajas profesionales que una persona puede tener por ser multitask, ésta puede acarrearle daños a su memoria y salud, sumado a la baja calidad que podría ofrecer en sus trabajos, debido a que, al estar haciendo varias actividades al mismo tiempo, ninguna de estas tareas se ejecuta con la atención debida.

Los seres humanos no fuimos diseñados para esto.

Querer abarcar mucho puede ser uno de los errores más grandes que un líder pueda cometer. Es imposible darle atención de calidad a cada asunto que tenemos delante cuando tratamos de cubrir varios de estos a la vez.

Varios estudios muestran que el nivel de rendimiento es menor cuando la atención tiene que estar dividida en varias cosas a la vez.

Investigadores de la Universidad de California (UCLA) descubrieron que el comportamiento multitasking crea una lucha entre dos partes del cerebro. Al realizar múltiples actividades, se da una batalla entre el hipocampo, que es el encargado de guardar y hacernos recordar información y el telencéfalo, que se encarga de las tareas repetitivas, dando como resultado que al ejecutar diversas tareas se tendrá mayor dificultad para recordar las cosas que se acaban de hacer.

Una persona que sobrecarga su cerebro automáticamente activa respuestas de estrés, libera adrenalina y mantiene al sistema nervioso en un estado de hipervigilancia, provocando problemas de salud y psicológicos.

Los padecimientos relacionados con el estrés y que algunas personas multitareas presentan son: insomnio, ansiedad, dolor de cabeza, gastritis, colitis, irritabilidad, mal humor, tensión muscular, entre otros.

Soluciones

Líderes exitosos pueden tener varios proyectos siendo trabajados por miembros del equipo al mismo tiempo. Por eso es tan importante que un líder incremente su habilidad de delegar. Sin embargo estos aún cuando tienen varios proyectos en la lista su atención se concentran en un proyecto a la vez.

Es importante poder discernir prioridades. Que se necesita primero. Que es más importante. Que producirá mayores dividendos más temprano. Una vez que tengamos las prioridades en orden entonces podemos concentrarnos en una tarea, y dedicar a ésta toda nuestra energía hasta completarla.

Buenas prácticas

¿Qué se puede hacer para evitar caer en este síndrome?

Desconéctate: Si estás en una reunión importante es imprescindible que te desconectes de cualquier dispositivo electrónico que pueda distraerte, procura enfocar tu atención únicamente en la junta y en el objetivo de ésta. Yo he creado la costumbre de salir a caminar y dejar mi teléfono celular en la oficina. Sin teléfono, mi atención está en lo que está sucediendo a mi alrededor. Estoy alerta y disfruto las maravillas de la creación. Tengo la oportunidad de prestar atención a las aves, a la frescura del pasto verde a los lados del camino, etc...

Establece prioridades: Haz una lista de todas las tareas que tengas que realizar y clasifica en importantes y menos importante. Comienza por las primeras. Recuerda la lista de tres cosas que mencioné anteriormente.

Haz una sola cosa a la vez: Recuerda que antes de comenzar con una tarea nueva es indispensable que hayas terminado la que estabas desarrollando antes. Es mejor terminar una actividad con calidad que hacer muchas a la vez y a medias.

Concéntrate: Procura estar alejado de todas las distracciones que puedes tener durante el día, si en tu empresa tienes acceso a las redes sociales, dedica espacios breves y específicos durante el día para revisarlas. Evita estar pendiente de todas las notificaciones que te llegan durante la jornada laboral.

ERROR NÚMERO CINCO

No crear un ritmo

Cuando no existe un ritmo, un hábito, una rutina, entonces será fácil que nos desesperemos al no ver resultados inmediatos. Para tener éxito en la realización de cualquier proyecto, visión, tarea, es necesario que le apliquemos el arte de la repetición.

Es necesario que tengamos la disciplina, la constancia de continuar trabajando rutinariamente hasta que logremos arribar a la meta deseada, sin embargo es imposible que podamos desarrollar esta disciplina si detrás de esta no existe un ritmo.

Un ritmo crea continuidad, crea balance y nos da un sentido de productividad. Yo creo que practicar dividir nuestras tareas en capítulos cortos o en fases nos facilita primero el celebrar cada vez que logramos completar una fase lo cual produce contentamiento, y segundo evita que nos desanimemos al ver el tamaño completo del proyecto.

Crear ritmo nos hace productivos y más felices en lo que hacemos, nos añade un sentido de realización, de éxito, y trae equilibrio emocional a nuestra vida mientras que vamos sumando los éxitos de cada pequeño logro durante cada fase completa.

Ritmo es más importante que metas

Posiblemente ya estemos saliendo de lo que fué una generación obsesionada con metas. En los últimos veinte o treinta años hubo un auge en la cantidad de libros y métodos en cuanto a cómo ponernos y conquistar metas.

Esto ha sido parte de el énfasis que la generación de los baby boomers puso en el área de producción y rendimiento.

Créame que yo vengo de ese trasfondo, y creo profundamente en trabajar arduamente y ser productivo. La dedicación al trabajo es un valor saludable y bueno.

Sin embargo, estoy seguro que podemos lograr llegar al mismo fin deseado sin la presión y el stress que producen algunos de los métodos que se enseñan en cuanto a conquistar metas.

El otro problema es que la presión que hemos puesto en producir resultados es tal, que en muchas ocasiones hemos ligado nuestra identidad a lo que producimos. En otras palabras, corremos el peligro de poder llegar a pensar que valemos lo que producimos.

La presión que nos auto-imponemos de "producir" es un enemigo que roba la paz. Tu victoria está en *"quien eres"* NO en *"qué produces".*

Nuestra identidad no debe reposar en lo que producimos o en el logro de nuestras metas. Nuestra identidad reposa en el hecho de que Cristo está en nosotros, y ya estámos completos en Él. Nuestra seguridad es completamente independiente de nuestros logros.

y vosotros estáis completos en él, que es la cabeza de todo principado y potestad.
Colosenses 2:10

Un camino más excelente

Yo creo que aunque sí es importante que tengamos visión clara en cuanto hacia dónde vamos, no debemos poner un énfasis desmedido en las metas.

En lugar de metas, por qué no pensamos en sistemas, en hábitos, los cuales nos llevarán al mismo lugar con la diferencia que lo haremos sin presión y disfrutaremos más el proceso.

Permítame compartir con usted algunos pensamientos sobre por qué la práctica de crear buenos hábitos es importante para que vivamos una vida mejor, más sencilla y con mayor gozo.

Hábitos en lugar de metas

Si usted necesita perder 100 libras de peso, esto pudiera crearle mucha presión. ¿Por qué no nos concentramos en sólo perder unas pocas libras por ahora?

Podríamos crear algunos hábitos saludables que con el tiempo produzcan resultados. Concéntrate en perder una libra y ya que has perdido esa libra, entonces celebra que has manejado bien ese nivel y continúa practicando ese nuevo hábito. Repite el proceso de perder una sola libra.

Pudiera ser un hábito que consiste en comer ciertos tipos de alimentos en lugar de otros, o el hábito de caminar largas distancias.

Mientras practicas este nuevo hábito, será más fácil y eventualmente cosecharás los buenos resultados sin estresarte, sin frustración y sin desánimo.

La idea de nuevos hábitos es no crear altas expectaciones, pero sí un buen ritmo.

Altas expectaciones traen desánimo si llegar a la meta comienza a parecer mas lento que lo esperado. Por eso yo digo: *"olvida las metas"*. Crea más bien un ritmo. Un proceso que te llevará al lugar deseado.

Verás que, mientras caminas por esa senda, comenzarás a amar el proceso.

No lo apures. Para y huele las flores, y antes de que te des cuenta habrás llegado a tu destino. Y arribarás feliz, lleno de gozo y listo para crear tu siguiente aventura.

Hábitos en lugar de resoluciones

Existe un parque cerca de donde vivo. Es interesante que cada año nuevo, los primeros días del año cuando salgo a hacer mi caminata de la mañana en los trillos que están detrás del parque veo a mucha gente corriendo alrededor del parque —un año pude contar más de 60 personas.

Lo más interesante es que ya para la segunda semana del año, ese número comienza a bajar, y para la tercera semana el número de entusiastas ha bajado a lo usual, o sea a cuatro o cinco corredores, que son los que corren en ese parque el resto del año.

¿Qué pasó con todos los más de sesenta corredores que venían al parque a correr los primeros días del año?

Bueno. Esos son los que comenzaron el año con una lista de nuevas resoluciones.

Es muy curioso ver lo rápido que la gente rompe esas resoluciones de año nuevo, solo para caer en culpabilidad y desánimo.

Me gustaría mostrarte un camino más excelente.

Olvida las resoluciones de nuevo año. Olvida el ponerte altas metas.

¿Qué pasaría si diseñamos un sistema? Una costumbre. Un modo de vida donde el proceso es la meta. A esto yo le llamo *"ritmo de vida"*.

En lugar de preocuparnos por alcanzar una meta, ¿por qué no nos enfocamos mejor en el gozo de con calma observar la vida alrededor nuestro mientras caminamos la senda de repetir una acción?

De eso se trata la ciencia de crear nuevos hábitos. Se trata de crear un ritmo que nos permita disfrutar la vida alrededor nuestro. Así, mientras nos enfocamos en la cosas que son importantes, aprendemos a separarnos de las distracciones que nos roban el gozo, la paz y el contentamiento.

Creando nuevos hábitos

Yo hablo en detalles en cuanto a cómo crear nuevos hábitos paso por paso en mi libro: "Create 3 New Habits" (inglés). Pero quisiera aquí compartir unas palabras sobre el proceso de crear nuevos hábitos.

Sean hábitos referentes a productividad, o hábitos saludables que mejoran nuestra vida espiritual, como por ejemplo, crear una vida de oración y continua reflexión en la palabra de Dios, o hábitos que mejoren nuestra salud física; todos consisten en el proceso de repetir disciplinas que con el tiempo se convierten en parte de nuestro ritmo diario.

En el área de productividad, yo llamo a estos hábitos: "sistemas".

Sistemas

Aquello que se convierte en un mecanismo.

Permítame dar un ejemplo.

En América Latina, por años vi como después que concluíamos un evento evangelístico masivo, y entregábamos la lista de nuevos creyentes a los pastores, pocos de los que habían pasado al frente a recibir a Cristo quedaban realmente en las iglesias.

Con el tiempo nos dimos cuenta de que en realidad el problema no consistía en la disposición. Todos estaban dispuestos a hacer el trabajo de discipular a los nuevos creyentes y añadirlos a las iglesias, sin embargo, no sabían como. No existían precedentes, manuales, herramientas, etc... y por eso la mayor parte de las veces lo más que recibía un nuevo creyente era una llamada por teléfono y una invitación a la iglesia.

Evidentemente, esto no es suficiente. Las personas vienen a Cristo con graves problemas en sus vidas. Algunos tienen problemas familiares, otros problemas de trabajo, otros adicciones, y otros tienen el problema de que son buenos religiosos, y este último es peor que todos los problemas mencionados anteriormente.

Los miembros de las iglesias tenían buena intención, lo que se necesitaba era un sistema.

Como respuesta a esta necesidad, diseñamos el sistema de discipulado y seguimiento que hoy conocemos como transformación de ciudad.

Un método con el cual después de un festival, durante 12 semanas, los nuevos creyentes son visitados, atendidos específicamente conforme a sus necesidades individuales o de familia, y sistemáticamente enseñados sobre lo que significa estar en Cristo y ser ahora parte de la familia de Dios. Al final de las 12 semanas estos ya deben estar integrados a la vida de la iglesia, y continuarán como parte de un grupo de estudios bíblicos en casa o en algún lugar cerca de donde viven.

Productividad y ritmo de trabajo diario

Tengo claramente definido el fin de cada proyecto. Sin embargo, he creado la costumbre de dividir los proyectos en capítulos o partes pequeñas.

Solamente me concentro en esa parte pequeña, una vez lograda, celebro el haber conquistado ese nivel, entonces sigo hacia el próximo.

Lista de 3 cosas

Es importante tener escrito todo lo que queremos completar en un día, como parte de un proyecto grande.

Yo antes ponía todo en una lista, y era una lista larga, lo cual me creaba mucha ansiedad.

Entonces cree un sistema. Una lista diaria de solo tres cosas.

Esta lista corta me mantiene enfocado en algo que es alcanzable.

Todo lo otro lo paso a la lista general del proyecto, pero esa lista no tiene mi atención directa diaria. Mi atención está en la lista de tres cosas.

Cada vez que completo una de las cosas en la lista, me tomo unos minutos para celebrar. La celebración no es una fiesta (no se asuste), es sólo tomar unos minutos para hacer una pausa y reconocer en mi mente que he completado algo. Si es posible, salgo de la oficina y camino afuera por unos minutos, tomo agua, estiro mis pies, etc... Lo importante es hacer la pausa. Esto me da un sentido de logro, de realización y trae contentamiento.

Estos pequeños momentos de celebración, añaden gozo, me renuevan, y me permiten tomar lo que sigue en la lista descansado y sin presión.

Si termino las tres cosas en la lista de este día temprano y tengo tiempo entonces traslado algo de la lista general del proyecto, y lo hago sabiendo que no estoy obligado, pues ya tuve un día productivo.

Tu no tienes que seguir mi sistema. Conoces tus necesidades y todos somos diferentes.

Sin embargo, estoy sumamente convencido que líderes que no poseen un ritmo, un sistema, y se concentran todo el tiempo en las metas más que en el proceso, son por lo regular personas estresadas, operando todo el tiempo en urgencia y bajo presión.

No debería ser así. Creo que si creamos ese ritmo, seremos más productivos, y llegaremos a la misma meta, pero llegaremos con gozo, felices de haber disfrutado todo el camino.

Conclusión

Los errores mencionados en este pequeño libro, no son una lista exhaustiva de los errores que pueda cometer un líder. Yo he cometido muchos más errores que los cinco mencionados aquí. Quizá en su experiencia, sean otros tipos de errores a los que usted ha estado expuesto.

Sin embargo, estos aquí mencionados, son los más comunes que he visto en mi experiencia de más de 35 años en el liderazgo. Es mi oración, lo leído sirva para motivarte en tu propio camino y experiencia como líder. Escríbeme y déjame saber si este pequeño libro te ha sido de bendición, o si gustas compartir conmigo tu experiencia personal en la labor de servir a otros.

Nos vemos en alguna conferencia.

Bendiciones,

JA Pérez

Serie Líderes con Diploma

Esta serie está compuesta por doce manuales (mostrados en la página opuesta) con ejercicios y espacios para notas y tareas, de manera que el alumnado pueda recordar y poner en práctica cada uno de los principios aprendidos.

Además, el curso viene con videos (4 por manual), en los cuales JA Pérez enseña los principios de cada manual.

Al final del curso, los estudiantes reciben un Diploma de la Escuela de Liderazgo Internacional.

Más información en:

clubembajadores.com

Formando líderes con mente de reino

Con más de treinta y cinco años de ministerio, y una reconocida trayectoria internacional, que incluye estrechas relaciones con economistas, dignatarios y aquellos que moldean las culturas presentes en las naciones, el autor ha mostrado ser una autoridad en la materia de formar líderes.

Escritor, humanitario, moldeador de culturas y precursor de movimientos de cosecha en América Latina. Su mensaje atraviesa generaciones, culturas y naciones. Ha escrito varios libros y asiste a intelectuales, así como a iletrados, en la adquisición de destrezas esenciales y soluciones pragmáticas para comunicar esperanza con valentía en entornos complejos, y a veces hostiles.

Sus concentraciones masivas y misiones humanitarias han atraído grandes multitudes durante años guiando a miles a una relación personal con Jesucristo.

Él, su esposa y sus tres hijos, viven en un suburbio de San Diego en California, desde donde se coordinan todos los eventos de la asociación que lleva su nombre.

Trabajo de JA Pérez con líderes de Latinoamérica
Cuando una ciudad o provincia es impactada, con frecuencia gobernantes y líderes nacionales —senadores y congresistas— asisten al evento y reconocen el movimiento, pero los frutos mayores del proyecto completo son las miles de vidas que son transformadas por el poder del evangelio. Ese es el principal propósito de todo — comunicar las buenas noticias de Cristo.

Líderes con visión global
Los líderes que equipamos en las Américas, son quienes sostienen y dan seguimiento a movimientos de cosecha cada vez que concluye un proyecto a nivel ciudad. Ya equipados para comunicar el evangelio de una manera relevante y culturalmente sensitiva, estos corren con la comisión de hacer discípulos en cada generación y grupo étnico en todas las esquinas del continente.

Otros libros por JA Pérez

Dr. JA Pérez ha escrito más de 50 libros y manuales de entrenamiento. Todos sus libros están disponibles en Amazon.com así como en librerías y tiendas mundialmente. Libros con temas para la familia, empresa, liderazgo, economía, profecía bíblica, devocionales, inspiracionales, evangelismo y teología.

Series Conferencias

Discipulado para Nuevos Creyentes y Estudios de Grupos

Liderazgo, Gobierno y Diplomacia

Inspiración y Creatividad en Liderazgo

Temas Varios

Crecimiento Espiritual, Principios de Vida y Relaciones — Recientes

Profecía Bíblica   Teología

Evangelismo y Colaboración

Devocionales

Ficción, Historietas

Crecimiento Espiritual, Principios de Vida y Relaciones — Clásicos

English

Evangelism and Collaboration

Contacte/siga al autor

Blog personal y redes sociales

japerez.com

@japereznow

facebook.com/japereznow

Asociación JA Pérez

japerez.org

Keen Sight Books

www.ingramcontent.com/pod-product-compliance
Lightning Source LLC
Chambersburg PA
CBHW070858050426
42453CB00012B/2265